Inhalt

Beteiligungen von Staatsfonds - Chance oder Gefahr für die Finanzbranche?

Kernthesen

Beitrag

Fallbeispiele

Zahlen und Fakten

Weiterführende Literatur

Impressum

GENIOS BranchenWissen Nr. 12/2007 vom 19.12.2007

Beteiligungen von Staatsfonds - Chance oder Gefahr für die Finanzbranche?

Autor GENIOS BranchenWissen: J.Reichert

Kernthesen

- Asiatische oder arabische Staatsfonds treten vermehrt als Investoren in den westlichen Industrienationen auf.
- Das Vermögen aller Staatsfonds wird auf mehr als 2.500 Milliarden Dollar geschätzt.
- Westliche Industrienationen vermuten hinter den Investitionsstrategien der Fonds politisches Kalkül.
- Deutschland versucht, strategische Wirtschaftssektoren wie die Finanzbranche vor Beteiligungen von Staatsfonds zu

schützen.

Beitrag

In den westlichen Industrienationen steigt die Angst vor Staatsfonds aus dem asiatischen oder arabischen Raum. Diese staatlich gelenkten Investitionsvehikel verwalten riesige Geldreserven von Ländern wie Russland, China, Singapur oder den Vereinigten arabischen Emiraten und treten in letzter Zeit verstärkt als Käufer von Unternehmensbeteiligungen auf. Auch die deutsche Regierung sieht schon sensible Wirtschaftszweige wie den Finanzsektor durch diese Investoren gefährdet.

Staatsfonds beteiligen sich an Schweizer Bank

Der jüngste Einstieg zweier Großinvestoren bei der Schweizer Bank UBS verstärkt in Westeuropa die Diskussion um so genannte Staatsfonds. Aufgrund zusätzlicher Abschreibungen in Milliardenhöhe als Folge der weltweiten Hypothekenkrise wurde eine Kapitalerhöhung notwendig, das frische Kapital hierfür stellte zum einen der GIC Staatsfonds aus

Singapur, zum anderen ein bisher nicht bekannter Investor aus dem Nahen Osten. Der GIC, bisher nur durch seine Beteiligung an der chinesischen Industrial Bank bekannt, ist damit erstmals auch in Europa aktiv geworden. [Abb.1] Die Angst geht nun um, dass sensible Industrien wie bspw. die Finanzbranche in Deutschland unter den wirtschaftlichen und politischen Einfluss von solchen ausländischen Staatsfonds aus Asien oder arabischen Ländern geraten, deren Anlagestrategien in den wenigsten Fällen transparent sind. (2), (11)

Geldvermögen der Staatsfonds stammt überwiegend aus Exporterlösen von Öl und Gas

Solche Staatsfonds konnten in den letzten Jahren vor dem Hintergrund ständig steigender Exporterlöse für Öl und Gas im arabischen Raum oder Russland entstehen aber auch in Schwellenländern mit hohen Devisenreserven aus Industrieexporten wie Singapur und China. Kennzeichnendes Merkmal dieser Fonds ist, dass sie sich im alleinigen Besitz der Regierungen der einzelnen Länder befinden. Nicht auszuschließen ist daher, dass neben der Rendite auch die politische

Agenda der jeweiligen Regierung die Investitionsentscheidung der Fonds beeinflusst. Die Investmentbank Morgan Stanley schätzt die derzeitigen Geldmittel dieser Staatsfonds auf 2 500 Milliarden Dollar weltweit. In jüngster Vergangenheit wurde dieses Kapital überwiegend für den Erwerb von In- und ausländischen Industriebeteiligungen verwendet werden. Für das Jahr 2015 prognostiziert Morgan Stanley sogar einen Anstieg des gesamten Fondsvolumens auf ca. 12 Billionen Dollar. (8), (12)

Einziger europäischer Staatsfonds existiert in Norwegen

Allein ADIA, der Staatsfonds der Vereingten Arabischen Emirate, verfügt mit Finanzreserven in Höhe von 875 Milliarden Dollar über ausreichend Mittel, um gleich mehrere deutsche im Dax notierte Unternehmen übernehmen zu können. [Abb.2] Der in diesem Jahr in China gegründete Staatsfonds Chinas (China Investment Corporation CIC) ist von Beginn an mit rund 200 Milliarden Dollar Kapitalmitteln ausgestattet und seit kurzem bereits mit 3 Milliarden Dollar an der US-amerikanischem Private-Equity-Gruppe Blackstone beteiligt. Seitdem wird er immer wieder gerüchteweise als Kaufinteressent bei

Übernahmen oder Beteiligungen an amerikanischen oder europäischen Großbanken genannt. In Europa gibt es derzeit nur ein Beispiel für einen Staatsfonds, der norwegische Pensionsfonds, der die staatlichen Erdöleinkünfte verwaltet. Dieser unterscheidet sich jedoch von den anderen asiatischen oder arabischen Fonds dadurch, dass er, wie die norwegische Regierung nicht müde wird zu betonen, ausdrücklich darauf verzichtet, strategische Beteiligungen an ausländischen Unternehmen zu erwerben. (13), (14)

Deutsche Politik will Maßnahmen gegen steigenden Einfluss der Staatsfonds ergreifen

Die Angst vor einem wachsenden Einfluss ausländischer Staatsfonds ist inzwischen auch in der deutschen Politik so groß, dass neben Teilen der Bundesregierung vor allem der hessische Ministerpräsident Roland Koch für einen Gesetzesentwurf plädieren, welcher die Beteiligung eines ausländischen Investors ab einem beabsichtigen Erwerb von mehr als 25 Prozent der Unternehmensanteile untersagen könnte.
Voraussetzung hierfür ist, dass durch den Erwerb die

öffentliche Sicherheit gefährdet werden würde. Eine Arbeitsgruppe, eingesetzt von der Kanzlerin persönlich, soll nun eine Liste mit konkreten Vorschlägen aufstellen, wie die Abwehr im Einzelnen aussehen kann und welche Mechanismen dafür angewandt werden können. Dabei ist momentan jedoch noch nicht abschließend definiert, welche Industrien unter den Schutz dieses Gesetztes gestellt werden sollen. Jedoch wird es mit hoher Wahrscheinlichkeit Regelungen für den Finanzsektor, die Informationstechnologien oder die nationalen Energieversorger beinhalten. Zudem soll es sich um eine nationale Lösung handeln, eine EU-weite Regelung soll vor diesem Hintergrund nicht herbeigeführt werden. (5), (7)

Reaktionen auf Protektionismus der Industriestaaten sind unterschiedlich

Doch das Echo auf diese Aktivitäten ist geteilt. Wirtschaftsverbände melden, trotz der Furcht vor der Einflussnahme durch staatliche Investitionsfonds, bereits Bedenken an und warnen davor, es mit den Schutzmaßnahmen zu übertreiben. Vor allem

Vertreter des Bankensektors sprechen sich gegen eine Abschottungsstrategie aus. So meint Steffen Kern, Experte für Finanzmarktpolitik bei der Deutschen Bank, dass drastische Abwehrmaßnahmen gegen Investitionen aus Ländern wie Russland oder China den Ruf Deutschlands bei ausländischen Anlegern beschädigen. Auch der EU-Kommissar Charlie McCreevy, zuständig für das Dossier Finanzdienstleistungen, verurteilt den deutschen Vorstoß und weist darauf hin, dass bereits heute eine ausreichende Regulierung von Großinvestoren wie Hedge Funds oder Private-Equity-Häusern besteht und die Banken, die diese mit Geld ausstatten, einer umfangreichen Überwachung unterliegen. Grundsätzlich sind Investoren, egal woher sie kommen, in Europa willkommen., so McCreevy. (1), (4)

Mehr Transparenz der Staatsfonds ist notwendig

Nicht zuletzt bleibt offen, wie sich Beteiligungen ausländischer Staatsfonds effektiv kontrollieren ließen. Es scheint unmöglich, Umgehungstatbestände per Gesetz in Gänze zu vermeiden. Zudem ist fraglich, nach welchen Kriterien nun tatsächlich beurteilt werden könnte, ob ein Staatsfonds mit seinem Investment politische Interessen verfolgt. Zudem sind Länder wie Russland oder China ebenso wie auf einen freien Kapitalverkehr angewiesen wie die westlichen Industriestaaten. Ein Missbrauch ihrer finanziellen Macht würde daher nur protektionistische Gegenmaßnahmen hervorrufen, die letztendlich auch für sie negative wirtschaftliche Konsequenzen bedeuten würden. Ein Abbau der Vorurteile gegen Staatsfonds scheint indes möglich, wenn die staatlich gelenkten Investitionsvehikel ihre oftmals praktizierte Geheimniskrämerei aufgeben und stattdessen ihre Anlagestrategien offen legen und durch zusätzliche Transparenz dem Vorwurf industriepolitischer Investitionen entgegentreten würden. Nicht zuletzt die Erfahrungen mit Hedge-Fonds zeigt, dass oftmals allein die Androhung von gesetzlicher Regulierung die Investoren im Sinne der Politik zu einem Wohlverhalten bewegen kann. (6), (7)

Fallbeispiele

Staatsfonds beteiligen sich an UBS

Die Schweizer Großbank UBS sah sich aufgrund der Hypothekenkrise und einem dadurch entstandenen Abschreibungsbedarf genötigt, eine umfangreiche Kapitalerhöhung durchzuführen. Ermöglicht wurde dies durch die Ausgabe einer Wandelanleihe, die bei zwei Investoren platziert wird. Der erste Abnehmer ist Singapurs Staatsfonds GIC, der 11 Milliarden Schweizer Franken frisches Kapital zur Verfügung stellt, daneben existiert ein weiterer Investor aus dem Nahen Osten, der insgesamt 2 Milliarden investierte, jedoch nicht genannt werden will. Der CEO der UBS, Marcel Rohner, begründete diesen Schritt als Präventivmaßnahme, die nur vor dem Hintergrund des drohenden Reputationsschadens durchgeführt wurde. (2)

Frisches Kapital aus Abu Dhabi für die amerikanische Citigroup

Die US-amerikanische Citigroup, einer der weltweit größten Banken, hat im November mithilfe der Staatsfonds Abu Dhabi Investment Authority (ADIA) eine Kapitalaufstockung in Höhe von 7,5 Milliarden US-Dollar durchgeführt. Durch die Ausgabe einer Wandelanleihe, die zwischen 2010 und 2011 in Aktien umgetauscht werden kann, erhält der Staatsfonds dadurch eine Beteiligung von fast 5 Prozent an der

Bankengruppe. Treiber für diese Transaktion war auch hier ein erhöhter Kapitalbedarf der Citigroup aufgrund von Verlusten aus der Verbriefung von amerikanischen Risikohypotheken. (3)

Zahlen & Fakten

Investitionen in chinesische Banken 1997-2006

Investor	Beteiligung an	Anteil in Prozent	Kaufpreis in Millionen Dollar	Jahr
Citigroup-Konsortium	Guangdong Development Bank	80,0	3.100	2006
Goldman Sachs	Industrial & Commercial Bank of China	7,0	2.580	2005
Bank of America	China Construction Bank	9,0	2.500	2005
ING	Bank of Communications	19,9	1.750	2004
Royal Bank of Scotland	Bank of China	5,0	1.550	2005
Temasek Holdings	China Construction Bank	5,1	1.540	2005
Li Ka Shing	Bank of China	2,5	750	2005
Merrill Lynch	Bank of China	2,5	750	2005
Citic Hong Kong	China Citic Bank	19,9	715	2006
UBS	Bank of China	1,6	500	2005
Deutsche Bank	Huaxia Bank	9,9	220	2005
Newbridge Capital	Shenzhen Development Bank	17,9	145	2004
Standard Chartered	Tianjin Bohai Bank	19,9	123	2004
ANZ Banking Group	Tianjin City Commercial Bank	19,9	111	2005
Temasek Holdings	Minsheng Bank	4,6	110	2005
Sal. Oppenheim	Huaxia Bank	4,1	110	2005
BNP	Nanjing City Commercial	19,9	80	2005
Asian Development Bank	Bank of China	0,2	75	2005
OCBC	Ningbo City Commercial Bank	12,2	70	2006
Citigroup	Pudong Development Bank	4,2	70	2002
Hang Seng Bank, HSBC	Bank of Shangai	8,0	68	2001
GIC Singapore	Industrial Bank	5,0	65	2003
International	Industrial Bank	4,0	52	2003

GBI-Genios Grafik

Quelle: The Banker

Entnommen aus: Die Bank, 02/2007, S. 25 (9)

Verwaltetes Vermögen in Staatsfonds 2007

Land	Verwaltetes Vermögen in Milliarden Dollar
Vereinigte Arabische Emirate	875
Norwegen	328
Saudi-Arabien	250
Kuweit	250
China	200
Singapur	200

GBI-Gerbs Grafik

Quelle: Citigroup

Entnommen aus: Frankfurter Allgemeine Zeitung, 31.10.2007, S. 29 (10)

Weiterführende Literatur

(1) Beschränkungen für Staatsfonds in Deutschland? – Am Aktienmarkt ist Furcht vor Protektionismus gering Hoffen auf ein behutsames Vorgehen aus Finanz und Wirtschaft vom 25.07.2007, Seite 30

(2) UBS versucht den Befreiungsschlag Abschreibungsbedarf steigt auf fast 15 Mrd.$ – Kapitalerhöhung soll Sicherheit und Vertrauen schaffen – Grossbankaktien bleiben riskant aus Finanz und Wirtschaft vom 12.12.2007, Seite 17

(3) Citigroup sichert sich Kapital aus Abu Dhabi Man

spricht von den Rettungsbemühungen der Finanzindustrie
aus Finanz und Wirtschaft vom 28.11.2007, Seite 2

(4) EU-Kommissar Charlie McCreevy zum politischen Aktivismus im Licht der Finanzmarktkrise, zum Steuerwettbewerb und zu Staatsfonds «99 von 100 Massnahmen sind kontraproduktiv»
aus Finanz und Wirtschaft vom 19.09.2007, Seite 33

(5) Der beste Schutz vor bösen Staatsfonds ist völlige Durchsichtigkeit
aus Capital vom 22.11.2007, Seite 14

(6) Kapitalverkehr gefährdet Keine Massnahmen gegen Staatsfonds in der Schweiz
aus Finanz und Wirtschaft vom 31.10.2007, Seite 25

(7) Alte Ängste Eine neue Welle des Protektionismus droht - weil Deutschlands Infrastruktur vor Staatsfonds aus China und Russland geschützt werden soll. Die Bundesregierung läuft Gefahr, das Kind mit dem Bade auszuschütten. Industriepolitik
aus Capital vom 25.10.2007, Seite 44

(8) Sollen ausländische Staatsfonds in Deutschland ungehindert shoppen dürfen?
aus Capital vom 16.08.2007, Seite 16

(9) China: Top Bankwirtschaft 1997-2006
aus Die Bank, 02/2007, S. 25

(10) International: Investmentmarkt 2007

aus Frankfurter Allgemeine Zeitung, 31.10.2007, S. 29

(11) STAATSFONDS Norweger wiegeln ab
aus Sparkasse, November 2007, Nr. 11, S. 8

(12) Auch Schweizer Banken im Visier
aus SCHWEIZER BANK Nr. 12 vom Dezember 2007
Seite 40

(13) Chinas Staatsfonds vorerst im Inland gefordert
Wie viel verbleibt der CIC?
aus Finanz und Wirtschaft vom 08.12.2007, Seite 43

(14) Rendite- oder machtorientiert?
aus Finanz und Wirtschaft vom 06.10.2007, Seite 35

Impressum

Beteiligungen von Staatsfonds - Chance oder Gefahr für die Finanzbranche?

Bibliografische Information der deutschen Nationalbibliothek

Die Deutsche Nationalbibliothek verzeichnet diese Publikation in der deutschen Nationalbibliografie; detaillierte bibliografische Daten sind im Internet über http://dnb.d-nb.de abrufbar.

ISBN: 978-3-7379-2071-1

© 2015 GBI-Genios Deutsche Wirtschaftsdatenbank GmbH, Freischützstraße 96, 81927 München, www.genios.de

Alle Rechte vorbehalten. Dieses Werk ist einschließlich aller seiner Teile – z.B. Texte, Tabellen und Grafiken - urheberrechtlich geschützt. Jede Verwertung außerhalb der Grenzen des Urheberrechtsgesetzes bedarf der vorherigen Zustimmung des Verlags. Dies gilt insbesondere auch für auszugsweise Nachdrucke, fotomechanische

Vervielfältigungen (Fotokopie/Mikroskopie), Übersetzungen, Auswertungen durch Datenbanken oder ähnliche Einrichtungen und die Einspeicherung und Verarbeitung in elektronischen Systemen.